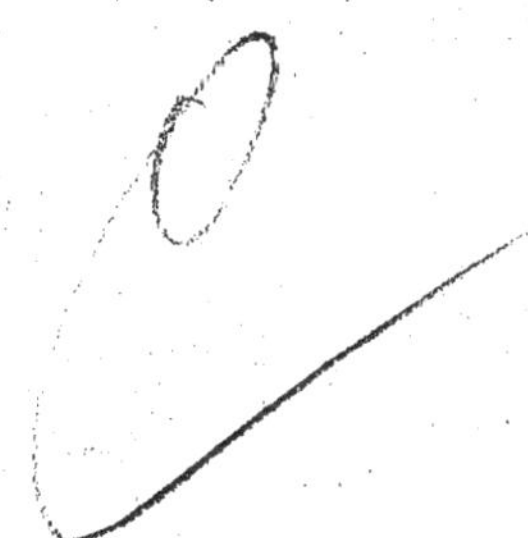

CHAMBRE DE COMMERCE DE LYON

Séance du 21 Mars 1907

PROJET DE LOI

RELATIF A

LA RÉGLEMENTATION DU TRAVAIL

RAPPORT

De **M. Jean COIGNET**

Vice-Président.

CHAMBRE DE COMMERCE DE LYON

Séance du 21 Mars 1907

PROJET DE LOI

RELATIF A

LA RÉGLEMENTATION DU TRAVAIL

RAPPORT

De M. Jean COIGNET

Vice-Président,

PROJET DE LOI

RELATIF A

LA RÉGLEMENTATION DU TRAVAIL

RAPPORT

De M. Jean COIGNET

Vice-Président.

Dans la séance du vingt et un mars mil neuf cent sept, où se trouvent réunis :

M. Aug. Isaac, *président ;*

MM. Jean Coignet, *vice-président*, P. Vindry, *secrétaire*, Georges Chambeyron, *trésorier*, H. Chamonard, Ennemond Morel, Mollard, A. Perrin, Teste, Ferrand, Ennemond Richard, Permezel, F. Ricard, A. Lignon, Et. Testenoire et Martial Paufique.

M. J. Coignet, vice-président, présente le rapport suivant au nom de la Commission de législation industrielle et commerciale :

Messieurs,

Votre Commission de législation s'est réunie pour examiner le projet déposé le 10 juillet 1906 sur le bureau de la Chambre des députés par M. Doumergue, Ministre du commerce, de l'industrie et du travail.

J'ai l'honneur de vous exposer ses conclusions.

Considérations générales.

ut du projet de loi. Ce projet de loi a surtout pour but, suivant une thèse chère au socialisme, d'étendre à tous les hommes adultes la réglementation du travail appliquée jusqu'ici aux femmes et aux enfants, notamment en ce qui concerne la durée de la journée de travail qui serait fixée à 10 heures. Il introduit ensuite de nombreuses modifications dans la réglementation du travail des femmes et des enfants.

)élibérations érieures de la mbre de com- ·ce de Lyon. La Chambre de commerce de Lyon a toujours reconnu qu'il y avait un intérêt supérieur de la santé publique, de la conservation de la race, qui légitimait l'intervention de la loi pour limiter le travail des femmes et des enfants. Cette intervention est d'autant plus légitime que, les salaires des femmes et des enfants étant à la disposition du chef de famille, celui-ci pourrait être tenté d'accepter volontiers les excès de travail imposés aux femmes et aux enfants. Sans aller jusqu'aux peuples primitifs, nègres, arabes ou annamites, qui réservent les travaux les plus pénibles pour les femmes, tout le monde connaît l'exploitation des enfants italiens dans les mines de soufre en Sicile. Il est donc naturel que l'Etat se fasse en cette matière le tuteur des faibles. Il doit toutefois ne pas perdre de vue la cause déterminante de cette protection, qui est la sauvegarde de la santé des protégés, et ne pas oublier qu'une condition de la santé est la nourriture abondante et qu'une réglementation qui aboutirait à priver une femme ou un enfant d'un salaire suffisant irait contre son but.

En ce qui concerne, au contraire, les hommes adultes, la Chambre de commerce de Lyon a toujours pensé qu'avec le droit de grève, les ouvriers avaient toute facilité pour réclamer l'organisation du travail la plus favorable à leurs intérêts, et, à plus forte raison, pour s'opposer à tout excès de travail nuisible à leur santé.

Et ce droit de grève, reconnu par la loi du 25 mai 1864, n'est certes pas, aujourd'hui, un droit platonique; avec la liberté complète de la presse, des réunions, des syndicats et des associations, les ouvriers ont tous les moyens de faire triompher leurs revendications. L'intervention du législateur fondée sur la considération de la santé publique est donc inutile. Elle sera forcément nuisible si elle entend se produire en faveur des intérêts économiques des ouvriers. En effet, sous le régime de la liberté, l'organisation du travail est discutée dans chaque industrie entre patrons et ouvriers, en tenant compte naturellement des nécessités de cette industrie. Une loi spéciale, comme la loi du 29 juin 1905, qui a fixé la durée du travail dans les mines, peut ne pas avoir d'effet trop nuisible quand elle ne fait que consacrer les usages de cette industrie. Mais une loi générale, comme celle qui est aujourd'hui proposée, appliquant la même règle à Paris et dans le moindre village, à l'industrie la plus pénible comme à celle qui l'est le moins, est contraire à la nature des choses et ne peut qu'amener le trouble le plus profond dans une foule de circonstances. .

Votre Commission est donc unanime à vous proposer de rejeter, comme par le passé, le principe de la loi.

C'est au lendemain de la Révolution de 1848 que le législateur a, pour la première fois, abordé cette question. Le 2 mars 1848, un décret du Gouvernement provisoire limitait la journée de travail à 10 heures à Paris et à 11 heures dans les départements. Mais, bientôt après, l'Assemblée constituante substituait à ce décret le décret-loi du 9 septembre 1848 qui reculait la limitation à 12 heures et prévoyait des exceptions suivant la nature des industries.

En se reportant à la discussion qui eut lieu à cette époque, on voit que deux ordres bien différents de motifs inspirent les divers orateurs. Les uns invoquent la santé publique, les autres prétendent agir sur le taux des salaires.

Le motif de la santé publique, que retient seulement l'Assemblée constituante, auquel se réfère seulement le Ministre, M. Sénac, conduit à n'interdire le travail qu'après 12 heures.

Au contraire, les partisans de la journée plus courte entendent agir sur les salaires.

Pierre Leroux, qui défend la journée de 10 heures, développe la théorie économique suivante : En diminuant la durée de la journée, on force le patron à employer un plus grand nombre d'ouvriers, on diminue le nombre des ouvriers en chômage, on raréfie l'offre de la main-d'œuvre, et on amène, par suite, la hausse des salaires. Il reconnaît que, par là, le prix de revient des produits est augmenté, mais il compte que cette augmentation sera prise uniquement sur le bénéfice du capitaliste. Il proclame, en effet, qu'il y a une loi économique qui amène la hausse continue du revenu net et la baisse des salaires. En intervenant, l'Etat ne fait que redresser les effets déplorables de cette loi. Il en a le droit, du reste, car l'intérêt de l'argent, ou le revenu du capital, n'existe pas dans nos lois à titre de propriété, mais à titre de pure concession que l'Etat fait aux capitalistes. Il a donc le droit de réduire ce revenu. Pierre Leroux, qui épouse ainsi la répulsion de

Décret-loi de 1… Sa discussion à l'Assemblée con… tuante.

l'Eglise chrétienne primitive contre l'intérêt de l'argent, reconnaît que le repos dominical aurait le même effet économique que la réduction de la durée de la journée, mais il n'ose le réclamer, car ce serait sanctionner une loi religieuse.

On sait que l'évolution économique que prévoyait Pierre Leroux, hausse de l'intérêt de l'argent et baisse des salaires, a été tout juste l'inverse.

L'Office du travail[1] constate que le salaire moyen des hommes a passé de 2,07 en 1840/1845 à 4 francs en 1891/1893. L'intérêt de l'argent a, d'autre part, considérablement diminué.

La loi économique invoquée par Pierre Leroux était donc erronée. Il ne réussit pas du reste à convaincre les députés de l'Assemblée constituante. Le rapporteur du Comité du travail, M. Pascal Duprat, appréciait ainsi les résultats du décret du 2 mars qui avait limité la journée de travail à 10 heures : « Sous l'empire de ce règlement, l'industrie « française a dû subir une atteinte profonde. Elle avait lutté pénible- « ment jusqu'alors avec l'industrie étrangère. A dater de ce moment « toute concurrence lui devenait impossible ; elle se voyait chassée des « marchés du dehors ; le marché intérieur lui échappait à son tour. Plus « de mouvement industriel, la richesse nationale était frappée dans « sa source même. »

L'Assemblée constituante repoussait la journée de 10 heures par 616 voix contre 67.

Après ce débat mémorable, il faut arriver à l'année 1900 pour voir les théories socialistes de Pierre Leroux dessiner un retour offensif.

Loi du 30 mars 1900.

La loi du 30 mars 1900 a étendu la réglementation du travail des femmes et des enfants, en ce qui concerne seulement la durée de ce travail, aux hommes adultes travaillant dans les mêmes locaux que ces femmes et ces enfants.

On avait alors mis en avant, pour légitimer cette mesure, la nécessité de faciliter le contrôle de l'Inspection du travail. Aujourd'hui le Ministre du commerce abandonne cette prétendue nécessité en réintroduisant dans les mêmes locaux la variété de la durée du travail suivant les catégories du personnel protégé. En vertu de la nouvelle rédaction de l'article 7 de la loi de 1892, introduite par le projet de loi que nous examinons, les enfants au-dessous de 16 ans ne seront pas admis à faire l'heure supplémentaire accordée aux autres personnes protégées. Ils seront même astreints 3 ou 4 jours par semaine à la

---

[1] Page 265 du tome IV de l'Enquête de 1891.

journée de 8 heures par la loi sur l'enseignement professionnel obligatoire en préparation au Ministère du commerce.

Si la facilité du contrôle de l'Inspection du travail n'était qu'un prétexte, quel était dont le vrai motif de la loi de 1900 ? Dans son exposé des motifs du projet actuel, M. Doumergue le dit expressément :

« On voulait introduire la journée de 10 heures pour les adultes
« dans la grande majorité des établissements industriels du pays.
« M. Millerand faisait valoir que la statistique relevait 158.000 établis-
« sements soumis à la loi de 1892, contre 36.500 seulement soumis à
« la loi de 1848, et il en concluait que l'usage de la journée de
« 10 heures deviendrait presque général. »

Mais une foule d'industries, notamment, dans notre région, la teinture, les pâtes alimentaires, certaines branches de l'industrie du tissage, l'industrie des colles et gélatines, profondément troublées par la nouvelle législation, saisirent notre Chambre de vives réclamations. Dans sa séance du 29 novembre 1900, notre Chambre prenait une délibération où, cherchant à réduire le mal au minimum, elle interprétait dans le sens le plus étroit les nouveaux textes, ajoutant :

« Si la jurisprudence donnait tort à l'interprétation que nous avons
« faite de la loi du 30 mars 1900, il faudrait excepter de son applica-
« tion, par voie de décret, la plupart des industries de notre région,
« ou demander au Parlement la revision de la loi. Car, nous le répé-
« tons, nos industries ne peuvent plus vivre avec la réglementation des
« hommes adultes, telle qu'entend l'imposer l'Inspection du travail. »

L'interprétation dont parlait alors votre rapporteur était l'extension de la journée de 10 heures à tous les établissements où travaillaient des femmes et des enfants.

Heureusement, la Cour de cassation confirmait notre interprétation et la réglementation du travail des adultes, réduite aux locaux mixtes seulement, pouvait s'établir sans trop de dommages. Il est clair, en effet, que, dans un atelier mixte, bien souvent la cessation du travail d'une partie du personnel entraîne celle de l'autre partie. Dans ces cas, la loi ne faisait que consacrer le régime existant. Mais elle a eu un effet nuisible dans tous les ateliers où se trouvait un faible nombre de femmes et d'enfants, notamment des apprentis ne faisant pas partie intégrante de l'équipe principale d'hommes adultes, mais exécutant à côté d'eux certains travaux accessoires. Dans ces cas, la loi de 1900, en limitant à 10 heures la journée des hommes adultes, en leur interdisant les heures supplémentaires, a entraîné le renvoi des femmes et des apprentis. Cela s'est produit notamment pour les apprentis dans l'industrie de la construction mécanique ; M. Doumergue le reconnaît à la suite des constatations de tous les inspecteurs du travail.

Projet de loi actuel. Ses motifs.

Aujourd'hui, le but qu'on se proposait, d'une façon détournée en 1900, est poursuivi ouvertement par le projet de loi. On veut réduire la journée de tous les hommes adultes à 10 heures. Est-ce bien dans l'intérêt de la santé publique, comme dans le cas des femmes et des enfants? Voici la raison donnée par l'exposé des motifs, raison empruntée à la dernière déclaration ministérielle : « Le projet de loi a « pour objet de donner satisfaction aux exigences d'une démocratie « laborieuse dont les membres veulent avoir le loisir d'être des « citoyens. »

Déjà le décret du 2 mars 1848, qui avait imposé la journée de 10 heures, disait : « Considérant qu'un travail manuel trop prolongé, « non seulement ruine la santé du travailleur, mais encore, en l'empê- « chant de cultiver son intelligence, porte atteinte à la dignité de « l'homme... »

Théorie du loisir obligatoire.

Les expressions sont différentes, mais la pensée est la même. On n'invoque plus même la santé publique comme en 1848, et c'est le loisir obligatoire qu'on veut établir dans la législation ; on oublie seulement de rendre obligatoire l'emploi très noble qu'on souhaite voir l'ouvrier faire de ce loisir.

Ce motif ne nous paraît pas défendable. Imposer à tous les citoyens telle dose de travail et telle dose de loisir serait revenir à l'esclavage.

Cependant nous devons reconnaître que la courte journée est un des articles les plus populaires du programme socialiste. Seulement ce n'est pas la journée de 10 heures, c'est celle de 8 heures qui a toutes les faveurs. On connaît la fameuse théorie des trois huit et les manifestations du 1er mai organisées en faveur de la journée de 8 heures. L'Etat, en intervenant en cette matière, ne fait que le premier pas en décrétant la journée de 10 heures. Il sera poussé jusqu'à la journée de 8 heures. Nous ne parlons que pour mémoire de la journée de 1 heure 20, lancée récemment par un apôtre du socialisme. Il n'y a pas, en effet, de raison de s'arrêter dans cette voie.

Est-ce réellement un loisir de plus en plus grand que réclame la démocratie laborieuse? Nous ne le croyons pas, et, pour expliquer tout ce mouvement, il faut remonter aux théories de Pierre Leroux. Les ouvriers se sont laissé séduire par les raisonnements qui montrent que la hausse des salaires résulte de la courte journée et ils épousent avec enthousiasme une doctrine qui leur démontre qu'ils gagneront plus en travaillant moins.

Examinons donc en face cette théorie et voyons l'enchaînement des faits économiques.

Le premier effet de la réduction obligatoire de la durée de la journée est une diminution de la production. C'est en vain qu'on a voulu de nos jours nier cette conséquence. Sans doute, une faible réduction peut être compensée par une plus grande activité des ouvriers. Mais cette possibilité dépend essentiellement des industries. Elle existera dans celles où l'on peut faire aller plus vite le métier, mais non dans celles où l'opération matérielle ne peut être modifiée. En outre, il est clair que, là où cette compensation est possible, on ne peut la renouveler indéfiniment. On a réduit successivement la journée à 12 heures, à 11 heures, à 10 heures et demie, à 10 heures. A chaque réduction n'a pu correspondre un nouvel accroissement d'activité. Au reste, interrogeons les faits.

En France, l'Etat-industriel a voulu donner l'exemple.

En 1899, l'Administration des postes introduisait la journée de 8 heures dans l'atelier de fabrication des timbres-poste, à la place de la journée de 10 heures. Voici le résultat consigné dans le *Bulletin de l'Office du travail :* « Au bout de trois mois d'essai, l'Administration « constata que le chiffre de production journalière n'avait pas sensi- « blement varié. Cette surproduction ne s'est pas maintenue, il faut « bien l'avouer, et l'Administration a pu constater que le rendement « est devenu inférieur à celui qu'on obtenait sous l'ancien régime[1] ».

Dans les arsenaux de la marine, après quelques essais rapides, une circulaire du Ministre de la marine, en date du 7 janvier 1903, généralise la journée de 8 heures.

On trouve des renseignements détaillés sur les résultats obtenus dans le rapport de M. Cuvinot, au Sénat, sur le budget de la marine de 1905.

Cherbourg. — L'amiral Touchard, préfet maritime, s'exprime ainsi : « Les machines-outils n'ont pas modifié leur production horaire ; leur « production journalière est donc dans le rapport de 7 h. 3/4 à 9 h. 1/4. « Les bons ouvriers, ceux qui travaillent de bon cœur, produisent plus « que ce rapport, parce que, la fatigue étant moindre dans une journée « plus courte, ils soutiennent une allure de travail plus rapide. Ceux qui « travaillaient doucement continuent à travailler doucement ; pour eux, « la production est dans le rapport des deux journées. En somme, si « l'on avait espéré que les ouvriers, étant moins chargés, rattraperaient « cela par leur bonne volonté et leur entrain au travail, on s'est trompé : « il ne faut appliquer cela qu'à une minorité ».

M. le Directeur du Génie maritime Choron dit de son côté :

---

[1] Le *Bulletin de l'Office du travail* de janvier 1907 donne un renseignement plus précis. En améliorant le matériel, en augmentant la vitesse des machines, on a pu réduire à 10 pour 100 la baisse de production pour une diminution de 20 pour 100 de la durée du travail.

« La durée effective du travail a subi une réduction comprise entre
« 13 et 14 o/o. Le travail a-t-il subi une réduction à peu près équi-
« valente? Cela ne peut faire l'objet d'aucun doute, en ce qui concerne
« une fraction importante de notre personnel ouvrier. Dans les pre-
« mières semaines qui ont suivi la mise à exécution de la journée de
« huit heures, j'ai cru observer personnellement à Brest un effort réel
« d'une minorité de notre personnel pour compenser par un surcroît
« de zèle et d'activité la réduction de la journée de travail. Cet effort
« ne paraît pas avoir été bien durable. La journée de huit heures a
« passé bientôt, aux yeux de tous, à l'état de fait accompli, de droit
« acquis, dont il ne restait qu'à profiter naturellement. »

Lorient. — M. le Directeur de Meaupeou dit :

« Le rendement de la journée a diminué sensiblement dans la pro-
« portion des heures de travail, c'est-à-dire dans une proportion voi-
« sine de 16 pour 100 ».

Rochefort. — M. le Directeur du Génie maritime conclut ainsi :

« Il est de toute évidence que, pour tout ce qui se fait dans les ate-
« liers avec des machines-outils, la production diminue à peu près
« exactement comme la durée du fonctionnement ; pour les travaux
« exécutés au feu, celui-ci ne chauffant pas plus rapidement qu'autre-
« fois les pièces à forger ou à façonner, il y a forcément une perte
« résultant de la réduction du nombre de chaudes qui peuvent être
« données dans la journée. »

Un rapport de la fonderie de Ruelle constate que la production n'a
pas diminué, malgré la réduction de la durée de la journée seulement
dans un atelier où le travail à la tâche a été maintenu.

On sait combien les ouvriers se plaignent du surmenage causé par
le travail à la tâche. Ce n'est que par ce surmenage qu'on peut, dans
certains cas particuliers, compenser la baisse de production résultant
de la courte journée.

Aussi, quand on établit la courte journée en même temps que la
suppression du travail à la tâche, comme le Ministre de la marine l'a
fait dans les arsenaux, on atteint les résultats suivants qui se passent
de commentaires :

Production de l'atelier de torpilles de l'arsenal de Toulon :

Année 1902 (journée de 9 h. 1/2 et travail à la tâche) ;

125 torpilles pour un chiffre de salaires de 98.000 francs ;

Année 1905 (journée de 8 heures et suppression du travail à la tâche),

69 torpilles pour un chiffre de salaires de 134.000 francs.

Eclairée par ces faits, l'Administration des manufactures de l'Etat,
voulant réduire dans ces manufactures la journée de 10 heures à
9 heures, pour obéir avec un peu plus de prudence que dans la Marine

au programme socialiste, ne se fait aucune illusion sur le résultat, et admettant que la réduction de 1/10 de la durée du travail entraînerait une réduction de production exactement proportionnelle, se fait tranquillement ouvrir un crédit supplémentaire de 508.200 francs par la loi du 14 novembre 1905 et une augmentation de 1.968.380 francs de crédit dans le budget de 1906.

Quant à l'accroissement de l'outillage qui serait nécessaire pour rétablir le chiffre de la production, c'est bien simple, on y renonce provisoirement et on inscrit encore au budget de 1906 une somme de 553.000 francs pour acheter à l'étranger les 3 milliards d'allumettes qui vont manquer à la production de l'Etat français[1].

L'Administration de la guerre, qui avait essayé la journée de 8 heures dans ses ateliers de Tarbes, est obligée d'y renoncer et expérimente maintenant la journée de 9 heures.

Et ce n'est pas seulement en France qu'on constate ces résultats. Une commission parlementaire a fait aux Etats-Unis une enquête sur la journée de 8 heures dans les industries privées où on l'a établie.

Il en est résulté, constate l'enquête, une augmentation du coût de la production de 4 à 20 pour 100 selon les industries et une baisse de salaire par ouvrier et par jour de 4 à 15 pour 100.

Ainsi l'expérience démontre que la courte journée entraîne une diminution de la production.

La réduction de la production amène immédiatement un accroissement relatif des frais généraux et, par suite, une augmentation du prix de revient. L'industriel, pour ne pas perdre une partie de sa clientèle et de ses débouchés, souvent acquis avec tant de peine, est alors obligé, pour rétablir sa production, d'augmenter son matériel, d'où charges nouvelles de capital immobilisé et maintien d'un prix de revient plus élevé. Pour les ouvriers, il y a d'abord tendance à la réduction du salaire, comme cela s'est produit aux Etats-Unis suivant l'enquête citée plus haut, le patron ne voulant pas payer le même prix une journée moins productive. Mais les ouvriers, qui n'entendent pas voir réduire leur salaire, protestent et, même s'il y a transaction, l'industriel n'en subit pas moins une plus forte dépense de main-d'œuvre, d'où nouvel accroissement du prix de revient.

Enfin, à supposer que la généralisation de la courte journée par l'intervention de la loi amène la raréfaction de la main-d'œuvre, et que cette raréfaction ne soit pas atténuée par un afflux de main-d'œuvre étrangère, il peut bien y avoir une hausse momentanée du salaire, mais cette hausse amène un nouvel accroissement du prix de revient.

---

[1] *Bulletin de l'Office du travail*, juin 1906, p. 592.

Cette augmentation avait parfaitement été vue par Pierre Leroux; mais son erreur a été de croire qu'elle n'aurait d'autre d'effet que de réduire le revenu du capital consacré à l'industrie comme si ce revenu était illimité. Bien des industries, en effet, font avec peine leurs frais et une augmentation du prix de revient ne peut que les acculer à la faillite. D'une façon générale, la diminution du profit détourne les capitaux de l'industrie, autrement dit enraye la création d'usines nouvelles et amène la fermeture des usines les moins bien placées, d'où trop plein de main-d'œuvre et baisse du salaire.

Une seule chose pourrait arrêter cette évolution, c'est une hausse des prix de vente, venant compenser la hausse des prix de revient. Mais aujourd'hui, avec la facilité des communications, c'est sur le marché universel que se déterminent les prix de vente de toutes les marchandises.

La hausse des objets manufacturés dans un pays ne peut donc se maintenir que si elle a lieu dans les autres pays.

Nécessité d'une entente internationale. — Les promoteurs sérieux de cette intervention indirecte de l'Etat dans le taux des salaires l'ont très bien compris, et ils avouent que les mesures de cet ordre ne peuvent être sans danger que si elles sont prises par suite d'un accord international.

« Notre pays, dit l'exposé des motifs du projet de loi, entouré de « concurrents redoutables, ne peut être seul à réaliser de pareilles « réformes. Elles ne peuvent résulter que d'ententes internationales. »

Pourquoi alors n'attendons-nous pas ces ententes? Notre pays est-il donc celui qui est à la tête du développement économique pour qu'il doive donner l'exemple? Ou bien peut-on considérer cette entente comme à la veille de se faire?

Concurrence de la main-d'œuvre italienne. — Mais, pendant que nous voulons étendre la journée de 10 heures aux hommes adultes, en Italie les femmes de plus, de 15 ans peuvent encore faire la journée de 12 heures (loi du 19 juin 1902) et les enfants de 12 à 15 ans, assujettis à 11 heures, peuvent être autorisés par le Ministre du commerce à 12 heures, lorsque cela sera imposé par des nécessités techniques ou économiques; et pour surveiller l'application de cette loi si large, il n'existe un corps d'inspecteurs du travail que depuis la loi du 19 juillet 1906, et ce corps comprend actuellement, pour toute l'Italie, 3 inspecteurs divisionnaires et 10 inspecteurs, qui appliquent la loi avec la plus grande tolérance.

L'Italie s'était engagée vis-à-vis de la France à créer ce corps d'inspecteurs par l'article 4 de la convention franco-italienne du travail du 15 avril 1904. C'est qu'en effet le bon marché de la main-d'œuvre italienne, accru par la plus longue durée de la journée, permet à l'industrie italienne de faire une concurence redoutable à l'industrie française et en particulier aux industries lyonnaises du tissage de soieries et des pâtes alimentaires. C'est ce qui explique que, dans la négociation de cette convention du travail, notre gouvernement ait insisté pour que le gouvernement italien entrât dans la voie de la réduction de la durée de la journée de travail des femmes.

Tout en reconnaissant que cette convention est un premier pas vers une entente internationale en cette matière, on voit combien nos voisins sont prudents et procèdent lentement. Et il ne s'agit que de la journée de 12 heures, et pour les femmes seulement!

Quant aux ententes internationales, il y a eu jusqu'ici deux tentatives : la conférence de Berlin en 1900 et celle de Berne en 1905. La première n'a émis de vœux qu'en faveur de la protection des femmes et des enfants et du repos hebdomadaire. La seconde n'a émis que le vœu de voir supprimer le travail de nuit pour les femmes et n'a pas abordé la question du travail des hommes. Il est vrai qu'elle a abouti à une autre mesure, inspirée de l'hygiène, c'est l'interdiction de l'emploi du phosphore blanc. Mais l'adhésion des puissances représentées à la conférence n'avait été donnée qu'à la condition que toutes y adhèreraient. Le Japon, grand fabricant d'allumettes, ayant refusé cette adhésion, immédiatement l'Angleterre, la Belgique, l'Autriche-Hongrie, la Suède et la Norvège, c'est-à-dire les principaux pays producteurs d'allumettes, ont retiré la leur.

En dehors de l'accord international qui n'est pas près, on le voit, de se produire, quels moyens employer pour obvier à cette hausse du prix de revient, résultat de la courte journée? L'Etat-patron, on l'a vu, a trouvé facilement le moyen. Il fait payer la hausse du prix de revient par le contribuable. Mais ce moyen n'est pas à la portée de l'industrie privée.

Alors intervient le grand remède, la protection douanière. Puisque les autres pays ne veulent pas nous suivre dans la généralisation obligatoire de la courte journée, compensons l'augmentation du prix de revient par la hausse des prix de vente et déterminons cette hausse par des droits de douane. Ce remède a été largement appliqué par l'Australie et la Nouvelle-Zélande qui ont pu maintenir de cette façon une réglementation du travail inspirée des mêmes idées que le projet de loi que nous étudions.

Seulement ce qui réussit dans un pays neuf, dont l'industrie ne suffit pas encore à ses besoins, réussirait-il dans un pays comme la France qui exporte par an 2 milliards 500 millions de francs d'objets manufacturés? Pour toutes ces industries d'exportation, le droit ne jouera que très incomplètement et, du reste, la hausse de leur prix de revient les chassera des marchés d'exportation, à moins qu'elles ne puissent recourir, sur une échelle gigantesque, aux cartels et aux trusts qui provoquent tant d'indignation chez les socialistes.

En outre, qui paiera cette augmentation du prix des objets manufacturés?

D'abord les ouvriers, payant plus cher leurs vêtements et leur habitation, perdront une partie du bénéfice que leur aura donné la hausse des salaires. Mais si les denrées agricoles restent bon marché, ils pourront garder un certain avantage. Mais alors apparaît la réponse à la question posée plus haut. Qui paiera? Mais c'est le paysan qui ne vendra pas ses denrées plus cher et paiera plus cher tout ce qu'il consomme. Alors, il réclamera et nous verrons un redoublement du protectionnisme agricole. Si ce dernier réussit, l'ouvrier aura perdu par la vie plus chère tout le bénéfice de sa hausse de salaires. Seulement, dans un pays fertile comme la France, et à population stationnaire, la protection agricole aboutit vite à la surproduction. Les viticulteurs en font aujourd'hui la cruelle expérience; les producteurs de blé et de bestiaux la feront à leur tour. Les droits de douane ne joueront plus et le progrès agricole fera baisser le prix des denrées au niveau des prix des marchés étrangers. Finalement, l'intervention de la loi aura eu pour résultat de faire payer par les paysans une subvention aux ouvriers. Les paysans n'auront plus qu'une ressource, c'est d'allonger encore, si possible, leur journée de travail.

Durée de la journée de travail agricole. Dès maintenant, il est remarquable que le projet de loi ne s'occupe nullement de réduire la durée de la journée de travail de l'ouvrier agricole et encore moins de celle du paysan propriétaire. Les auteurs du projet ont sans doute la conscience que ce serait un peu contradictoire.

En réalité, les doctrines socialistes qui ont inspiré ce projet de loi n'envisagent qu'une face des questions. Elle constatent que, dans la société économique, il y a antagonisme entre le capital et le travail quand ils se disputent les profits de la production, et solidarité entre les ouvriers dans cette lutte contre le capital. Et elles ne voient pas qu'il y a en même temps et antérieurement solidarité du capital et du travail dans le phénomène de la production et antagonisme entre les ouvriers des divers groupes sociaux, antagonisme qui n'est qu'une forme du principe primordial de la lutte pour l'existence.

Les intérêts des ouvriers et des paysans sont au fond opposés, les premiers ayant intérêt au bon marché des denrées et à la cherté des produits manufacturés et les seconds ayant l'intérêt contraire, et, d'une façon plus générale, l'intérêt des ouvriers d'une industrie déterminée, à voir le haut prix de vente des produits de cette industrie, est directement contraire à l'intérêt des ouvriers qui appartiennent aux industries consommatrices de ces produits.

Dans le régime de la liberté, l'équilibre s'établit entre ces intérêts opposés, et cet équilibre incessamment modifié est la vie même. A vouloir intervenir dans cette lutte, la loi est impuissante, elle ne peut que commettre des injustices au profit des uns et au détriment des autres.

Nous dirons donc du projet de loi ce que la Cour suprême des Etats-Unis dit d'une loi interventionniste sur la durée du travail à qui elle vient de refuser toute sanction[1] :

« La loi en question n'est pas une loi sanitaire, mais une ingérence
« indue dans les droits du patron et des ouvriers de faire des contrats
« sur la durée du travail, dans les termes leur paraissant les meilleurs.
« Des lois limitant les heures durant lesquelles un homme fort et intel-
« ligent peut travailler pour gagner sa vie sont des ingérences
« fâcheuses dans les droits de l'individu. »

Non, ce n'est pas par une intervention illégitime que la condition de l'ouvrier peut être améliorée. Elle ne peut l'être que par le progrès de la science et de ses applications à l'industrie. Alors, nous voyons se produire le cycle économique suivant : baisse du prix de revient, accroissement des bénéfices industriels, accumulation de capitaux, baisse du taux de l'intérêt, création d'usines nouvelles, augmentation des salaires concordant avec la baisse du prix des marchandises, c'est-à-dire augmentation du bien-être du plus grand nombre. C'est le spectacle que nous a offert le xix° siècle.

Nous trouvons, toujours dans l'enquête de l'Office du travail (tome IV), que, de 1840 à 1890, en cinquante ans, le salaire a doublé pendant que le coût de la vie a subi les modifications suivantes : le prix du logement a doublé, et, malgré cela, le logement et la nourriture n'ont augmenté ensemble que de 25 pour 100, le vêtement et autres objets manufacturés ont diminué ; en résumé, il est resté à l'ouvrier sur l'augmentation de son salaire une large amélioration de sa vie. Cette amélioration se constate si on remarque que, dans cette

[1] *Journal des Débats*, 29 janvier 1907.

période, pour une population qui a passé seulement de 34 millions à 38 millions, la consommation des principales denrées a subi les accroissement suivants :

Froment. . . . de 66 millions d'hectolitres à 103 millions;
Viande . . . . de 671 millions de kilos à 1.393 millions;
Vin . . . . . de 20 millions d'hectolitres à 373 millions;
Sucre. . . . . de 108 millions de kilos à 453 millions;
Café . . . . . de 14 millions de kilos à 68 millions;
Tabac . . . . de 13 millions de kilos à 36 millions.

La consommation de l'alcool malheureusement a aussi augmenté de 450.000 hectolitres à 1 600.000 hectolitres.

Ces chiffres montrent combien le bien-être s'est accru dans l'espace d'un demi-siècle, sous la seule influence du progrès industriel et sans aucune intervention de l'Etat.

Conclusion. Que dans cette situation les ouvriers désirent, au lieu d'un nouvel accroissement de salaires, une diminution de la durée de leur travail, rien de plus légitime, mais c'est à eux de choisir, et, en fait, surtout dans les industries pénibles, ils ont souvent choisi la réduction de la journée. Vouloir leur imposer ce choix par la loi, c'est ce que nous ne pouvons admettre.

Mais, nous dira-t-on, les dangers que vous prévoyez sont loin de pouvoir résulter du projet de loi; d'abord, il ne s'y agit pas de la journée de 8 heures, mais de celle de 10 heures et, avec les diverses atténuations et dérogations prévues, cette limitation légale ne fera que consacrer ce qui existe.

gers du projet de loi. Si cela était, nous nous demandons pourquoi il est besoin d'une loi. Mais voyons les faits. Ouvrons l'enquête, publiée en quatre gros volumes, en 1891, par l'Office du travail, sur l'organisation du travail en France, sur les salaires et sur la durée du travail, que nous avons déjà citée plusieurs fois.

Il ressort de cette enquête qu'il y a les plus grandes variations entre les diverses localités et les diverses industries. L'enquête est publiée séparément pour le département de la Seine et pour l'ensemble des autres départements. C'est de cette dernière, qui a porté sur 2.500 établissements de province, que nous nous occuperons surtout.

Un tableau (page 38 du tome IV) établit que, dans les départements, la durée moyenne effective de la journée de travail est de 10 heures et demie, un peu plus longue que dans le département de la Seine.

Mais ce chiffre est une moyenne; la durée varie de 9 h 1/4 pour les mines à 11 h. 1/2 pour les industries textiles. Elle est de 10 h. 1/2 pour les industries chimiques et de 10 h. 3/4 pour les industries dé produits alimentaires.

Bien entendu, ce chiffre dans chaque industrie est une moyenne entre la durée réelle de chaque département.

Ainsi le premier résultat qui apparaît, c'est la variété de la durée. Et comment n'en serait-il pas ainsi si l'on réfléchit que, dans certaines industries, le travail musculaire demandé à l'ouvrier est ntensé, tandis que dans d'autres industries le travail demandé est une simple surveillance d'une machine marchant toute seule?

Depuis 1891 la moyenne a dû s'abaisser encore. Ainsi la loi de 1900, en fixant à 10 heures la durée du travail des femmes et des enfants, la loi du 29 juin 1905, en fixant à 9 heures la durée du travail dans les mines, ont dû faire baisser la moyenne.

Mais, même si la moyenne est actuellement de 10 heures, le projet de loi n'en apporte pas moins une perturbation profonde dans les conditions de beaucoup d'industries en transformant une durée moyenne en durée maximum.

Pour s'en rendre compte, il suffit de consulter le tableau X (page 74 du tome IV de l'enquête). Sur 382.000 ouvriers enquêtés, 87.000 sont occupés dans les mines, qui ont le régime de la courte durée. Restent donc 295.000 ouvriers, sur lesquels 118.000 travaillent de 10 à 11 heures et 76.000 de 11 à 12 heures. Ce sont donc 194.000 ouvriers, soit 65 pour 100, qui vont être atteints par la loi nouvelle.

En admettant que cette proportion soit un peu plus faible actuellement, par suite de la diminution qui s'est opérée dans la durée depuis 1891, elle n'en reste pas moins considérable encore.

Un second fait mis en lumière par l'enquête est que beaucoup d'établissements industriels ont une durée de travail qui varie avec les saisons. Cette variation est plus grande dans les petits établissements que dans les grands, plus grande lorsque la durée normale est courte que lorsqu'elle est plus longue.

Quel compte le projet de loi tient-il de ces faits? Il tolère deux heures supplémentaires pendant 60 jours par an pour toutes les industries et pendant 90 jours par an pour les industries de plein air désignées par un règlement d'administration publique. Sans doute, cette concession à la nature des choses est appréciable. Mais qui ne voit l'inconvénient de l'intervention de la loi en ces matières? Si ce nombre d'heures supplémentaires suffit une année, il peut être insuffisant une autre année. Toutes les industries métallurgiques dans notre pays ont des périodes d'accalmie durant plusieurs années auxquelles succèdent quelques années de travail intense. Et l'on va empêcher des ouvriers qui ont eu de maigres salaires pendant une longue période dé profiter d'une bonne année où l'industrie permet de faire des heures supplémentaires payées le double ?

La loi apportera là une cruelle déception aux ouvriers. Beaucoup ne désirent la courte journée que pour avoir par moments des heures supplémentaires fortement payées.

Au reste, un fait, relevé par le *Bulletin de l'Office du travail* de janvier 1907, montre bien qu'en demandant la courte journée, les ouvriers ne poursuivent souvent qu'une augmentation de salaire. Un grand nombre de syndicats ouvriers de Lorient, de Brest, de Cherbourg, Syndicats d'ouvriers coiffeurs, cordonniers, charpentiers, menuisiers, mécaniciens, jardiniers, se plaignent de la concurrence ruineuse que leur font les ouvriers de la marine de l'Etat qui, après leurs 8 heures au service de l'Etat, font à vil prix des heures en ville dans ces divers métiers.

Il y a là un nouveau motif de repousser le principe de la réglementation uniforme.

Examen détaillé des articles.

Section I

Laissant ces considérations générales, votre Commission a abordé l'examen des articles, et voici les observations qu'elle croit devoir faire à un certain nombre d'entre eux.

Les quatre premiers articles forment une section première qui règle le travail des ouvriers adultes.

Article premier. L'article premier [1], qui rétablit la journée de 10 heures, ménage une période de transition de quatre ans. La journée maxima sera de 11 heures pendant deux ans et de 10 h. 1/2 pendant les deux années suivantes.

On a beau ménager la transition, la gêne pour l'industrie n'en sera

---

[1] ARTICLE PREMIER. — Dans les manufactures, fabriques, usines, ateliers et chantiers, dans les mines, minières et carrières pour lesquelles la durée du travail n'est pas réglée par des lois spéciales, dans les entreprises de chargement et de déchargement, ainsi que dans les dépendances de tous ces établissements, de quelque nature qu'ils soient, publics ou privés, laïques ou religieux, même lorsqu'ils ont un caractère d'enseignement professionnel ou de bienfaisance, le travail effectif des ouvriers adultes ne peut dépasser dix heures par jour.

La disposition qui précède ne sera applicable que quatre ans à dater de la promulgation de la présente loi aux ouvriers adultes occupés en dehors des locaux où travaillent des femmes ou des enfants. A partir de cette promulgation, la durée de leur travail effectif ne pourra dépasser onze heures et elle sera réduite à dix heures et demie dans un délai de deux ans.

pas moins grande. Ce n'est pas en quatre ans que changent les conditions économiques d'un pays. Cette concession ne peut modifier nos conclusions.

L'article 2[1] établit pour les hommes adultes l'obligation de l'affichage de l'horaire qui existe déjà pour le travail des femmes et des enfants.

Article 2.

Nous n'avons aucune objection à faire à cette mesure.

Mais cet article établit une innovation qui est également introduite dans l'article 11 de la loi pour les femmes et les enfants, c'est l'obligation d'afficher toute modification apportée à l'horaire et d'envoyer un duplicata de cette affiche à l'Inspection du travail avant sa mise en service, à moins que la modification ne soit nécessitée par un accident grave survenu dans la journée. Les heures supplémentaires paraissent rentrer dans la catégorie des modifications qui sont soumises à cette formalité.

Jusqu'ici la jurisprudence de la Cour de cassation avait admis qu'une modification à l'horaire n'était délictueuse que si elle entraînait une dérogation à la durée légale du travail. C'est cette jurisprudence que le projet de loi veut supprimer. Nous ne comprenons pas cette rigueur vexatoire. C'est toujours le motif de rendre plus facile le contrôle de l'Inspecteur du travail qui est mis en avant. Il semble vraiment que le zèle d'un inspecteur se mesure au nombre de procès-verbaux qu'il dresse, et qu'on cherche à susciter des contraventions à enregistrement mécanique et facile pour procurer de bonnes notes à l'Inspecteur. Les incidents variés de l'industrie ne s'accommodent vraiment pas de cette fixité et les Inspecteurs risquent d'être inondés de duplicata d'affiches.

Nous devons, toutefois, nous féliciter de l'abandon par M. Doumergue du projet de loi déposé par M. Millerand le 14 juin 1904, qui établissait

---

[1] ART. 2. — Les chefs d'établissements, directeurs, gérants ou préposés afficheront, dans les limites autorisées par la loi pour la durée du travail, les heures auxquelles commence et finit le travail ainsi que les heures des repos. Un duplicata de cette affiche doit être envoyé à l'inspecteur.

Toute modification apportée à l'horaire doit être affichée, et un duplicata de l'affiche envoyé à l'inspecteur avant sa mise en service, à moins que la modification ne soit nécessitée par un accident grave survenu dans la journée. L'horaire n'est réputé modifié que si des ouvriers sont occupés en dehors des heures qu'il fixe pour le travail.

Les paragraphes ci-dessus ne s'appliquent pas aux travaux exécutés par postes ou équipes successives dans les usines à feu continu ou à marche nécessairement continue, ni aux travaux qui ne peuvent être interrompus à heures fixes. La nomenclature de ces établissements et travaux est donnée par un règlement d'administration publique qui prescrit les moyens de contrôle.

pour toute modification à l'horaire normal l'obligation d'un horaire nominatif. Ce projet, vivement combattu par notre Chambre dans une délibération du 22 septembre 1904, est reconnu comme trop compliqué.

Cette formalité de l'affichage des modifications de l'horaire n'est pas imposée aux travaux exécutés par équipes successives dans les usines à feu continu ou à marche nécessairement continue, ni aux travaux qui ne peuvent être interrompus à heures fixes, ce qui est une atténuation, la nomenclature de ces usines et travaux devant comprendre la plupart des cas où les modifications d'horaires sont fréquentes. Mais cette nomenclature devra être donnée par un règlement d'administration publique, qui sera forcément incomplet et donnera lieu à des réclamations sans fin. En outre, l'article de loi prévoit que ce règlement prescrira les moyens de contrôle, sans dire lesquels. Nous protestons contre cette disposition qui permettra à un simple décret d'imposer les mesures les plus vexatoires.

Article 3.   L'article 3[1] règle la question des heures supplémentaires. Il en est de deux sortes. Il y a d'abord les heures supplémentaires qui sont permises à tout le personnel d'un établissement. Jusqu'ici les établissements autorisés à faire des heures supplémentaires de cette catégorie étaient énumérés dans un décret. Le décret du 17 mai 1851 désignait de nombreuses industries autorisées à faire un nombre indéterminé d'heures supplémentaires au delà des 12 heures légales. D'autres étaient autorisées à faire les unes 1 heure, les autres 2 heures, les autres enfin 2 heures pendant 120 jours de l'année.

Le décret du 28 mars 1902 qui a remplacé celui de 1851 n'a plus autorisé que 2 heures pour les ouvriers des moulins à eau ou à vent, et 2 heures pendant 100 jours par an au plus pour les ouvriers des imprimeries et lithographies.

Mais, avec la journée de 10 heures, les heures supplémentaires deviennent indispensables pour un très grand nombre d'industries.

---

[1] Art. 3. — Dans tout établissement visé à l'article premier, le travail effectif des ouvriers adultes peut être prolongé jusqu'à 12 heures par jour pendant 60 jours par an.

Cette faculté peut être portée à 90 jours par an pour les industries de plein air désignées par règlement d'administration publique. Le même règlement détermine les exceptions qu'il y a lieu d'apporter aux dispositions de l'article premier, à raison de la nature de certains travaux préparatoires ou complémentaires, dans les cas d'accident, ou pour cause de force majeure.

Il détermine également les formes dans lesquelles l'Inspection du travail doit être préalablement avisée des dérogations utilisées en application du présent article, ainsi que les moyens de contrôle.

Renonçant à les énumérer dans un décret, à l'exception des industries de plein air qui ont le privilège de 90 jours, le projet de loi autorise toutes les industries à faire 2 heures supplémentaires pendant 60 jours par an. Ce niveau égalitaire pour toutes les industries est, à notre avis, la condamnation de la loi. Si certaines industries peuvent se contenter de ces 60 jours, beaucoup, peu pénibles et sujettes à des chômages fréquents suivis de moments de grande activité, auraient besoin, pour le plus grand profit de l'ouvrier, de beaucoup de latitude. Seulement le règlement qui voudrait tenir compte de toutes les exigences de l'industrie devrait être infiniment détaillé et indéfiniment modifié. La liberté seule peut suivre toutes les fluctuations de la vie.

La seconde catégorie d'heures supplémentaires prévues est celle des heures qui dans une usine sont tolérées pour certains travaux préparatoires ou complémentaires, dans les cas d'accidents ou dans les cas de force majeure. Ces cas ont été énumérés avec beaucoup de soin dans le décret du 28 mars 1902, qui a, notamment, régularisé l'alternance des équipes dans les opérations continues. Ce décret a été précédé de longues enquêtes et notre Chambre a eu l'occasion d'exprimer en détail les desiderata des industries de notre région dans une délibération du 21 février 1901.

Nous demandons que le décret à intervenir ne bouleverse pas le travail fait en 1902 et se contente de le faire concorder avec la nouvelle loi.

L'article 4[1] du projet abroge le décret-loi du 9 septembre 1848 modifié par l'article 2 de la loi du 30 mars 1900. Article 4.

Cet article met fin à la législation spéciale des ateliers mixtes. Désormais, dans ces ateliers, les hommes adultes, les femmes et les enfants sont chacun assujettis aux lois qui les régissent dans les ateliers non mixtes.

Nous sommes heureux de voir disparaître une législation que nous avons toujours combattue.

Si, conformément à nos vœux, les trois premiers articles du projet de loi étaient rejetés, nous demanderions que, sans abroger la loi de 1848, on abrogeât les modifications malheureuses qui lui ont été apportées en 1900.

L'abrogation de la loi de 1848 a une autre conséquence, c'est d'enlever à la juridiction correctionnelle pour les remettre aux Tribunaux de

---

[1] Art. 4. — Le décret-loi du 9 septembre 1848 modifié par l'article 2 de la loi du 30 mars 1900 est abrogé.

simple police (c'est-à-dire à la même juridiction que dans le cas des femmes et des enfants), les infractions à la règlementation du travail des adultes. Cette modification nous paraît très rationnelle.

SECTION II

La section II du projet de loi contient des dispositions relatives aux établissements de commerce, aux entreprises de transport et au travail à domicile.

Pour les établissements de commerce, qui jusqu'ici ne sont soumis à aucune réglementation, le projet se contente de prescrire qu'il doit y avoir un repos ininterrompu de 10 heures entre deux journées consécutives de travail.

Cette disposition met une limite aux veillées. Pratiquement elle nous paraît bien inutile, car jamais les employés ne font plus de 14 heures de travail, repos compris. Toutefois, certaines professions, comme celles des cafés, restaurants, pourront être gênées par cette prescription à laquelle nous sommes hostiles en ce qui concerne les hommes adultes. Nous l'accepterions seulement pour les femmes et les enfants.

Pour les entreprises de transport autres que les chemins de fer et la navigation, qui sont régis par des lois spéciales, le projet de loi prescrit d'inscrire la durée du travail dans les cahiers des charges.

Nous ne voyons pas pourquoi on fait sortir les ouvriers et les employés de ces entreprises du droit commun. S'il s'agit de dérogations nécessaires, on n'a qu'à les comprendre dans les décrets qui prévoient des exceptions. S'il s'agit, et c'est probablement le but visé, d'insérer dans les cahiers des charges une limitation plus étroite qu'elle n'est dans la loi générale, on aboutira à aggraver les conditions d'exploitation de ces entreprises, tramways, omnibus, et par conséquent ou à en empêcher l'établissement ou à en faire payer plus cher les services au public.

Pour le travail à domicile, le projet impose aux chefs d'usines qui font faire du travail à domicile d'avoir un registre où ils inscriront le nom et l'adresse des personnes ainsi occupées par eux.

Cela permettra de dresser une statistique du travail à domicile, question fort délicate et dans laquelle l'intervention de la loi paraît bien difficile.

SECTION III

La section III apporte un certain nombre de modifications à la loi de 1892, modifiée par celle de 1900, sur le travail des femmes et des enfants. Voici les principales de ces modifications.

La loi est étendue aux établissements dans lesquels se préparent des aliments destinés à la consommation publique immédiate, c'est-à-dire aux boulangers, pâtissiers, charcutiers et bouchers. Ces catégories avaient été exclues par un avis du Conseil d'Etat.

Il faudra grever le budget d'une armée d'inspecteurs si on veut sérieusement étendre la loi à cette immense catégorie. La condition des enfants dans ces établissements nous paraît cependant bien différente de celle des enfants des usines. Ce n'est qu'un travail intermittent qui leur est demandé, celui de faire des courses par exemple. Quant aux femmes, leur condition se rapproche de celle des employées de magasin en général ou de celle des domestiques. L'intervention de la loi ne nous paraît donc pas justifiée.

La loi actuelle prescrit que la journée de travail doit être coupée par un ou plusieurs repos, d'une durée totale d'une heure au moins, mais ne prescrit rien sur l'organisation de ces repos. Le projet de loi prescrit qu'il ne doit pas y avoir plus de six heures de travail consécutif sans un repos d'au moins une demi-heure, à moins que la journée totale ne soit de 7 heures. Dans ce dernier cas, les repos peuvent être supprimés.

Cette dernière disposition, dit l'exposé des motifs, a pour but de donner une facilité aux patrons qui voudraient organiser le chômage du samedi après-midi.

L'industrie textile, notamment dans notre région, à Roanne, avait proposé une solution bien meilleure, c'était de fixer la durée du travail à 60 heures par semaine, en permettant 5 journées de 11 heures et une demi-journée de 5 heures du samedi (de 6 heures du matin à 11 heures). Les auteurs du projet de loi préfèrent faire jeûner les femmes et les enfants une fois par semaine. Le samedi, ils ne devront déjeuner qu'à 1 heure de l'après-midi après avoir fourni 7 heures de travail effectif ininterrompu. Ce régime nous paraît impraticable.

Les paragraphes 3, 4 et 5[1] du nouvel article 3 reproduisent les dis-

[1] Art. 3. — *Paragraphe 3.* Dans chaque établissement, sauf les usines à feu continu et les mines, minières et carrières, les repos doivent avoir lieu aux mêmes heures pour toutes les personnes protégées par la présente loi.

Paragraphe 4. Dans les établissements visés par la présente loi, autres que les usines à feu continu, les mines, minières et carrières et les établissements désignés par un règlement d'administration publique, l'organisation du travail par relais est interdite pour les mêmes personnes.

Paragraphe 5. En cas d'organisation du travail par postes ou équipes successives, le travail de chaque équipe doit être continu, sauf l'interruption pour le repos.

positions des articles 3 et 11 de la loi de 1892 corrigée par la loi de 1900, concernant l'obligation de donner le repos aux mêmes heures à tout le personnel protégé et l'interdiction des relais. Mais il y a une amphibologie qui, si elle n'était éclaircie, donnerait lieu à de grandes difficultés.

Le projet dit : « Le personnel protégé par la présente loi. » Il a voulu dire sans doute le personnel protégé par la présente section de la loi.

Cette section, en effet, ne vise que les femmes et les enfants, tandis que, si on englobe la section première qui traite des hommes adultes, on étend ces dispositions aux hommes adultes.

Ce serait une aggravation considérable sur la situation actuelle où ces prescriptions, n'étant pas comprises dans la loi de 1848 corrigée par la loi de 1900, n'étaient pas applicables aux hommes adultes des ateliers non mixtes.

Cette question, on le sait, est très importante pour l'industrie des tullistes qui est organisée par relais.

Nous demandons donc que le texte du projet soit modifié et ne vise expressément que les femmes et les enfants.

Veillées. Dans l'article 4[1], la faculté de faire veiller les femmes pendant 60 jours par an pour certaines industries déterminées par un règlement d'administration publique est maintenue. Mais le projet n'admet la veillée que jusqu'à 10 heures au lieu de 11 heures et n'admet, de ce fait, que la journée ne soit prolongée que jusqu'à 11 heures de travail au lieu de 12 heures.

Nous admettrions qu'on arrêtât les veillées à 10 heures du soir; mais borner à 11 heures la durée totale de la journée, c'est-à-dire en somme

---

[1] Art. 4. — *Paragraphe 1er*. Les enfants de moins de dix-huit ans et les femmes ne peuvent être employés à aucun travail de nuit dans les établissements énumérés à l'article premier.

Paragraphe 2. Tout travail entre neuf heures du soir et cinq heures du matin est considéré comme travail de nuit.

Paragraphe 3. Dans les usines à feu continu, les femmes majeures et les enfants du sexe masculin peuvent être employés la nuit aux travaux indispensables. Les travaux tolérés et le laps de temps pendant lequel ils peuvent être exécutés sont déterminés par un règlement d'administration publique.

Paragraphe 4. Il est accordé, pour les femmes âgées de plus de dix-huit ans, dans certaines industries déterminées par un règlement d'administration publique, et dans les conditions d'application précisées dans ledit règlement, la faculté de prolonger le travail jusqu'à dix heures du soir, à certaines époques de l'année, pendant une durée totale qui ne dépassera pas soixante jours. En aucun cas, la durée du travail effectif ne peut être prolongée au delà de onze heures par jour.

n'accorder qu'une heure supplémentaire par rapport à la journée de
10 heures, c'est enlever toute efficacité à cette soupape de sûreté que
constituent les heures supplémentaires, nécessaires pour certaines
industries où le chômage alterne avec le travail pressé. Nous demandons le maintien de la faculté de deux heures supplémentaires.

Le même esprit a présidé à la rédaction du nouvel article 6[1] qui intro- **Article 6.**
duit une disposition nouvelle et qu'on ne peut qu'approuver, qui permet
de faire travailler 12 heures le personnel protégé, sans autorisation de
l'inspecteur divisionnaire, pour compenser le chômage résultant d'un
accident survenu au matériel de l'établissement. La pensée est
excellente, mais pourquoi restreindre cette faculté à quinze jours
par an, et surtout pourquoi décider que le nombre des heures supplémentaires ne doit pas dépasser la moitié des heures perdues par le
chômage? Pourquoi vouloir absolument faire perdre des salaires aux
ouvriers ?

L'article 7[2] contient un changement important. La loi de 1892 pré- **Article 7.**
voyait que des dérogations temporaires pouvaient être apportées par
l'Inspecteur divisionnaire à la durée du travail dans la limite de 12
heures de travail et pendant les heures de jour, c'est-à-dire jusqu'à
9 heures du soir, pour certaines industries à déterminer par un règlement d'administration publique. De nombreux décrets sont intervenus
pour énumérer ces industries.

Le nouveau projet renonce à poursuivre la revision toujours récla-

---

[1] Art. 6. — En cas de chômage résultant d'un accident survenu au matériel de
l'établissement, le travail du personnel protégé par la présente loi peut être
temporairement porté à douze heures, sur autorisation de l'inspecteur divisionnaire, dans la limite de quinze jours par an, sans que le nombre des heures
supplémentaires ainsi effectuées puisse dépasser la moitié des heures perdues
par suite de ce chômage.

[2] Art. 7. — *Paragraphe 1er*. Dans tout établissement visé à l'article premier,
le travail effectif journalier des enfants de plus de seize ans et des femmes peut
être prolongé jusqu'à onze heures par jour pendant soixante jours par an, dans
la limite des heures de jour.
Paragraphe 2. Cette faculté peut être portée à quatre-vingt-dix jours par
an pour les industries de plein air désignées par règlement d'administration
publique.
Paragraphe 3. Un règlement d'administration publique détermine les formes
dans lesquelles l'Inspection du travail doit être préalablement avisée par les
chefs d'industrie des prolongations de durée de travail autorisées par les alinéas
qui précèdent, et détermine les modes de contrôle.
Paragraphe 4. Les industries admises aux dérogations visées au paragraphe 1er du présent article, et qui figureraient, d'autre part, au règlement
prévu au paragraphe 4 de l'article 4 ne peuvent cumuler au delà de soixante
jours par an les dérogations qui résultent de ces deux dispositions.

mée de la liste de ces industries, et il accorde à toutes les industries la faculté de ces dérogations avec la simple obligation de prévenir l'inspecteur, en la limitant à soixante jours par an, sauf pour les industries de plein air désignées par décret qui auront droit à quatre-vingt-dix jours. Mais il limite la dérogation à une heure supplémentaire par rapport à la journée de 10 heures.

Nous approuvons cette nouvelle disposition qui supprime les plaintes élevées à juste raison par beaucoup d'industries qui avaient été exclues, on ne sait pourquoi, des décrets autorisant les dérogations.

Mais, comme dans le cas des veillées de l'article 4, nous réclamons énergiquement qu'il puisse y avoir deux heures supplémentaires comme actuellement.

L'argument donné par l'exposé des motifs que le projet de loi ne fait que revenir à la situation que l'industrie avait lorsque la journée normale était de 11 heures et que, le maximum étant alors de 12 heures, il n'y avait qu'une heure supplémentaire, ne nous paraît pas probant. Il ne s'agit pas de savoir si une heure de travail est qualifiée de normale ou de supplémentaire. Il s'agit de considérer les forces des femmes et enfants que la loi envisage. Or, il est clair qu'une ouvrière qui fait normalement 10 heures de travail est bien moins fatiguée par une journée de travail portée exceptionnellement à 12 heures par deux heures supplémentaires, qu'une ouvrière faisant normalement 11 heures ne l'est par cette journée de travail portée à 12 heures par une heure supplémentaire.

Au reste, ce qui le démontre, c'est le fait relevé par l'enquête de l'Office du travail en 1891, c'est que le nombre des heures supplémentaires augmente quand la durée de journée normale est plus courte.

Dans le projet de loi, la faculté de ces heures supplémentaires est refusée aux enfants au-dessous de seize ans. Cela n'aura aucun inconvénient dans les ateliers où le travail de ces enfants est isolé. Mais dans les nombreux ateliers, comme dans les filatures, où le travail de ces enfants fait partie intégrante du travail d'une équipe composée d'ouvriers de tout âge, cette disposition peut rendre impossibles les heures supplémentaires. Elle aboutira alors au renvoi de ces enfants.

On ferait bien mieux, puisqu'on se préoccupe de ces enfants, de reviser le décret du 13 mai 1893 et l'arrêté ministériel du 31 mai 1894 qui ont réglé le poids des fardeaux qu'on peut imposer aux enfants de quatorze à dix-huit ans. Vainement notre Chambre, appuyant les réclamations de diverses industries de nos régions, faisait remarquer que dans la période de quatorze à dix-huit ans les forces de l'enfant changent considérablement, que le poids fixé par le décret a dû l'être pour l'enfant de quatorze ans et qu'à seize et dix-sept ans un jeune homme a déjà presque la force d'un adulte, qu'il fallait en conséquence faire deux catégories, une de quatorze à seize ans et une de seize à dix-huit ans. On était alors au Ministère imbu de l'idée d'uniformiser le plus possible les règles pour toutes les catégories de protégés. Par deux lettres du 16 mai 1900 et du 25 avril 1903, les Ministres du commerce, MM. Millerand et Trouillot, répondaient par une fin de non-recevoir en s'abritant derrière des expériences du Comité consultatif des arts et manufactures.

Comment des expériences ont-elles pu constater la même force musculaire chez les enfants de quatorze ans et chez les jeunes gens de seize à dix-huit ans?

Le résultat de cette réglementation par trop simpliste a été, dans beaucoup d'usines, l'impossibilité d'embaucher des jeunes gens de seize à dix-huit ans.

Puisqu'aujourd'hui on s'aperçoit que l'âge de seize ans correspond à un changement notable dans les forces de l'enfant, nous espérons que le Ministre du travail voudra bien remanier cette règlementation des fardeaux à porter ou traîner.

Le projet de loi contient enfin, à l'article 9 [1], une nouvelle règlementation du travail des enfants dans les mines, conforme aux demandes du Conseil général des mines. Désormais, dans les mines spécialement désignées par décret, le travail des enfants sera permis de 4 heures du matin à minuit, à condition qu'ils ne fassent pas plus de 8 heures de travail effectif, ni plus de 10 heures de présence à la mine. Cette disposition permettra d'organiser dans la mine le travail par deux équipes alternantes de 8 heures. C'est une nouvelle facilité accordée par rapport au régime actuel. Nous ne pouvons que l'approuver. Article 9.

Telles sont les observations que l'examen détaillé de la loi a amené votre Commission à formuler. Conclusio

Elle vous propose, en définitive, de repousser la réduction de la journée légale de l'homme adulte, cette réduction ne pouvant plus invoquer le motif de santé publique et ne s'inspirant que du désir de faire intervenir l'Etat dans les questions de salaires.

Elle vous propose, au contraire, d'accepter la plupart des modifications proposées à la loi sur le travail des femmes et des enfants, ne

---

[1] Art. 9. *Paragraphe 3.* Dans les mines spécialement désignées par des règlements d'administration publique, le travail des enfants pourra être permis à partir de quatre heures du matin jusqu'à minuit, sous la condition expresse qu'ils ne soient pas assujettis à plus de huit heures de travail effectif, ni à plus de dix heures de présence dans la mine par vingt-quatre heures.

s'opposant qu'à la réduction des heures supplémentaires au-dessous de leur limite actuelle.

Ce rapport entendu et à la suite des observations conformes présentées par M. le Président et par M. Léon Permezel,

La Chambre de commerce de Lyon,

A l'unanimité, l'adopte dans ses termes et conclusions,

Le convertit en délibération, et décide qu'il sera transmis à M. le Ministre du commerce et de l'industrie et à M. le Ministre du travail et de la prévoyance sociale.

Elle en vote ensuite l'impression et décide qu'il sera adressé aux sénateurs et aux députés de la région lyonnaise, aux Chambres de commerce de France et aux Chambres syndicales lyonnaises.

POUR EXTRAIT CONFORME :

Le Secrétaire, membre de la Chambre,

P. VINDRY.

Lyon. — Imprimerie A. Rey et Cⁱᵉ, 4, rue Gentil. — 45122

www.ingramcontent.com/pod-product-compliance
Ingram Content Group UK Ltd.
Pitfield, Milton Keynes, MK11 3LW, UK
UKHW021711090726
13657UKWH00005B/2181